W9-BEG-188

en la estación espacial

Carron Brown

Ilustrado por
Bee Johnson

Kane Miller
A DIVISION OF EDC PUBLISHING

La estación espacial orbita la Tierra.

Viaja en cohete por el espacio y visita a los astronautas
que viven y trabajan en la estación espacial.

Ilumina el reverso de las páginas con una linterna
o ponlas al trasluz para revelar los secretos escondidos
en la estación espacial. Descubre un mundo lleno
de grandes sorpresas.

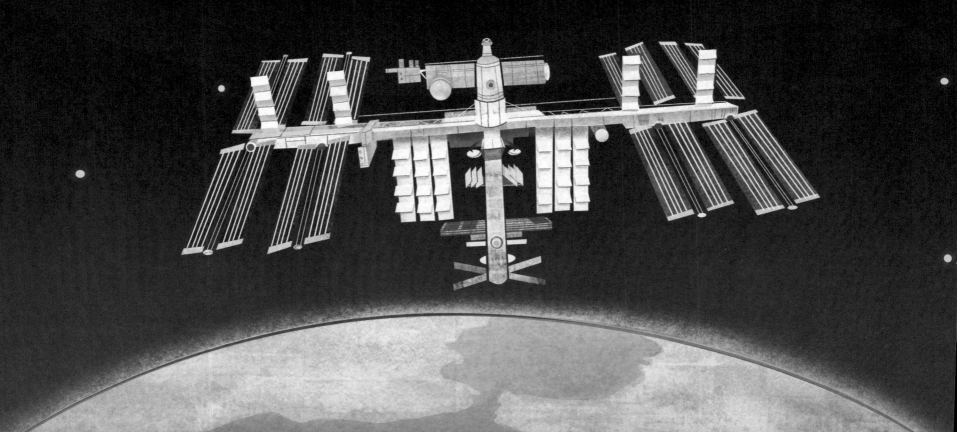

Tres astronautas van
a viajar a la estación
espacial en una nave.
Estarán muchos meses
en el espacio.

¿Ves lo que lleva
el tren?

¡Crac!

¡Crank!

El tren lleva un cohete enorme y pesado.
El cohete va a lanzar la nave espacial al espacio.

El tren va muy despacio y le toma varias horas
en llevar el cohete desde el lugar donde lo
construyeron hasta la plataforma de lanzamiento.

Unas tres horas antes del despegue, los astronautas suben a bordo de la nave espacial, que está dentro de la parte de arriba del cohete .

5...4...3...2...1

¡Despegue!

¿Qué ocurre cuando el cohete sale disparado por el aire?

Los tres brazos largos que sujetan
el cohete se separan cuando
sale disparado por el aire.

En tan solo 45 segundos, alcanza
una velocidad de más de 1,000
millas por hora.

¡Raar!

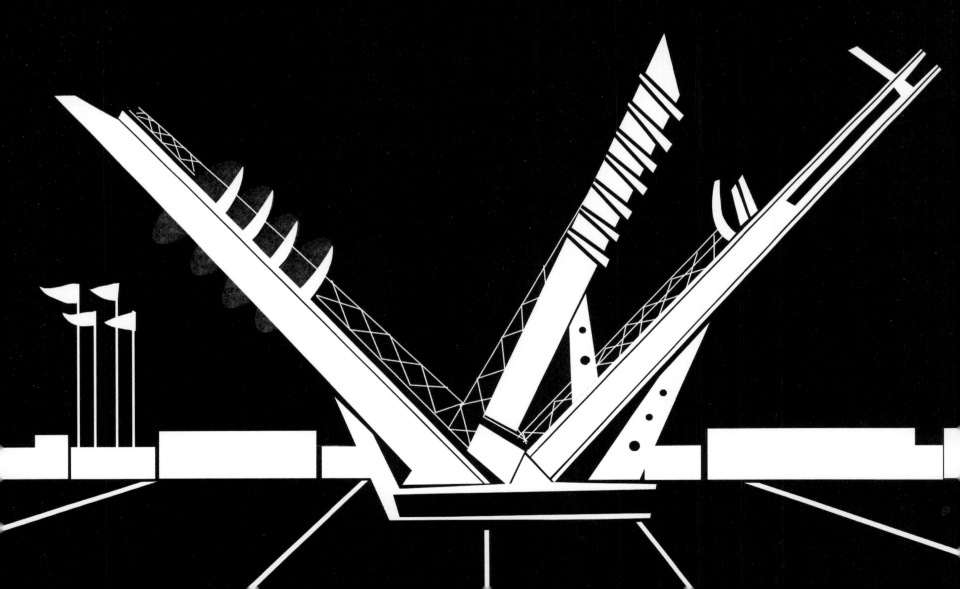

Nueve minutos más tarde, la nave espacial se separa del cohete y éste regresa a la Tierra.

¿Dónde están los astronautas?

¡Fusss!

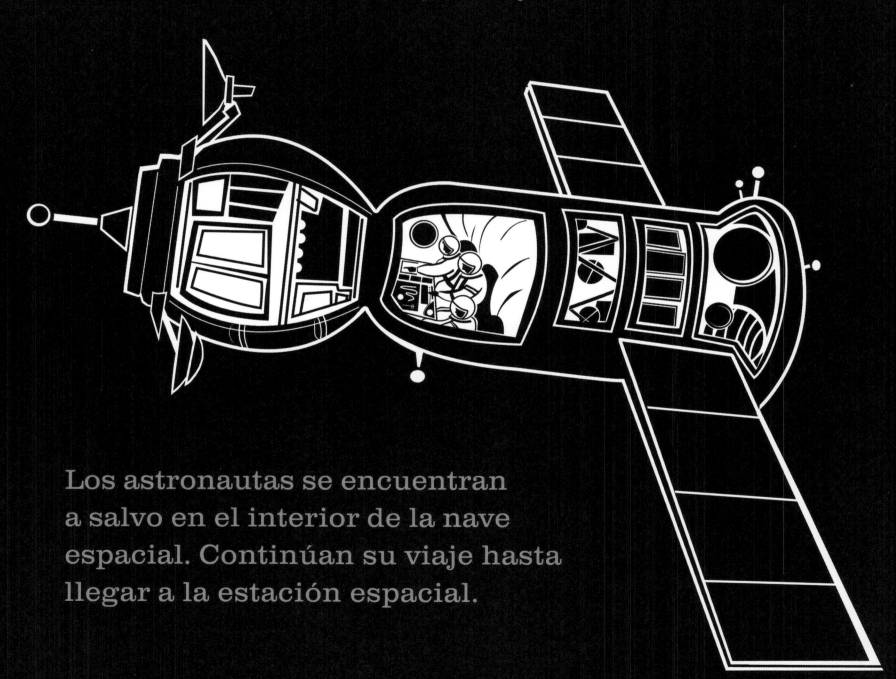

Los astronautas se encuentran
a salvo en el interior de la nave
espacial. Continúan su viaje hasta
llegar a la estación espacial.

Los astronautas viajan a una velocidad de cincomillas por segundo. ¡Eso es muy rápido!

¿Ves la estación espacial?

¡Zuum!

La estación espacial orbita
(da vueltas alrededor de) la Tierra.

Los astronautas tienen que seguir
hacia la estación espacial y llegar hasta
ahí para poder subir a bordo.

¡Pueden tardar dos días en conseguirlo!

Por fin
la nave espacial
se acopla a uno
de los cuatro
atracaderos
de la estación
espacial.

¿Qué ven los
astronautas
dentro de la
estación
espacial?

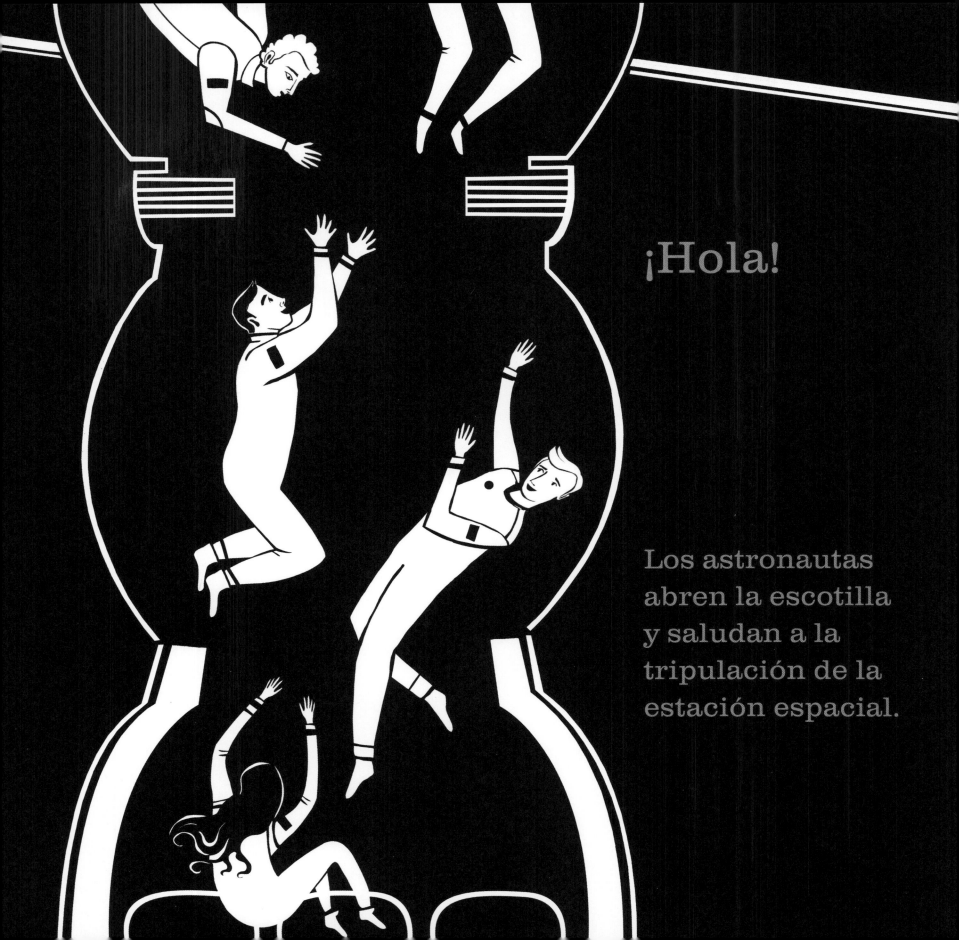

¡Hola!

Los astronautas abren la escotilla y saludan a la tripulación de la estación espacial.

Los astronautas flotan
dentro de la estación espacial.

¿Qué pasa cuando abren
la bolsa de dulces?

DULCES

¡Los dulces salen volando!
Se mueven lentamente por el aire.

Los dulces y los
astronautas flotan
en el aire.
Esto se llama
ingravidez.

¡Yupi!

Es la hora
de dormir. Los
astronautas amarran
sus sacos de dormir a las
paredes. Si no los amarraran,
los sacos saldrían volando.

¿Ves a otros dos astronautas durmiendo?

Zzzz.

Algunos astronautas
duermen en unos camarotes
pequeños del tamaño
de una alacena.

Los astronautas usan
máscaras para que no les
molesten las luces que
siempre están prendidas
en la estación espacial.

Los astronautas siempre están muy
atareados desde que se levantan. Tienen
que trabajar y estar en forma. Todos los días
hacen ejercicio durante dos horas.

¿Qué máquina de ejercicios
está usando este astronauta?

El astronauta usa una máquina de correr para estar en forma. Se amarra a la máquina para no salir flotando.

¡Birrr!

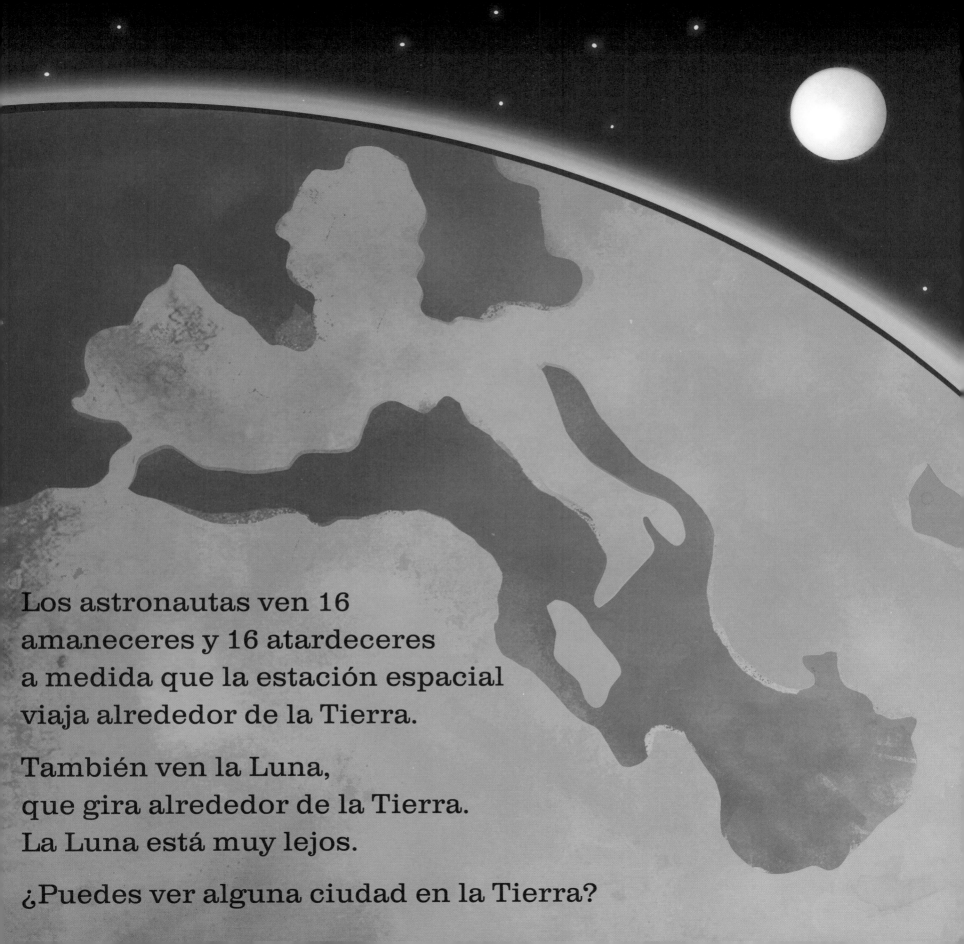

Los astronautas ven 16
amaneceres y 16 atardeceres
a medida que la estación espacial
viaja alrededor de la Tierra.

También ven la Luna,
que gira alrededor de la Tierra.
La Luna está muy lejos.

¿Puedes ver alguna ciudad en la Tierra?

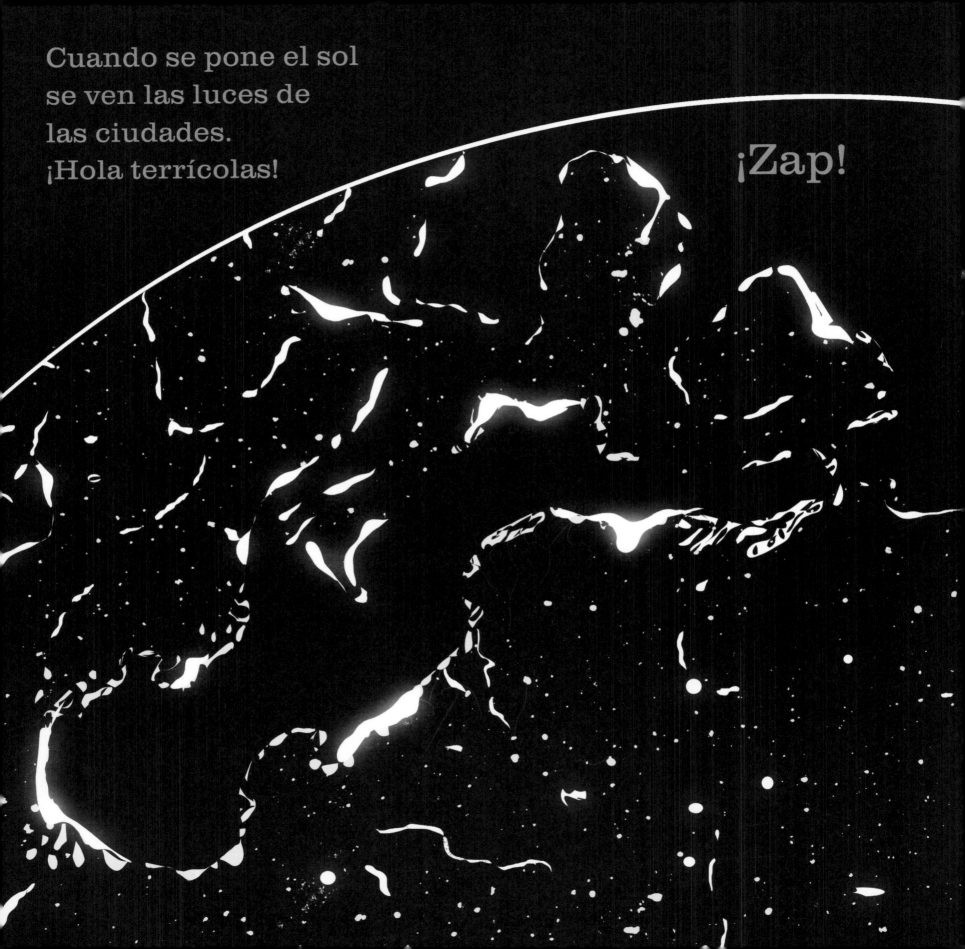

Cuando se pone el sol
se ven las luces de
las ciudades.
¡Hola terrícolas!

¡Zap!

Los astronautas trabajan dentro de la estación espacial. Durante meses, hacen experimentos y los analizan en los tres laboratorios científicos que hay en la estación.

¿Qué se mueve en el tanque?

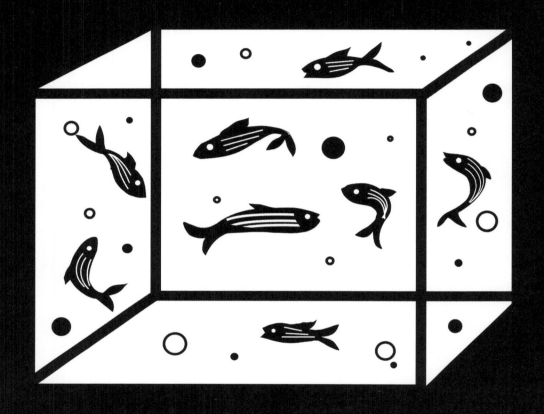

¡Flic!

¡Suiss!

En el tanque hay peces
cebra. Los astronautas
estudian cómo viven los
peces en el espacio.

Uno de los astronautas está listo para salir al exterior de la estación espacial.

En el espacio no hay oxígeno y no se puede respirar aire. El astronauta usa un traje espacial que le administra oxígeno.

¿Ves al astronauta dentro del traje?

¡Zip!

El astronauta lleva una capa de ropa fina por debajo del traje espacial.

También lleva un micrófono y auriculares para hablar con los otros astronautas.

Este astronauta usa unos controles en la estación espacial para manejar un brazo robótico gigante.

¿Ves lo que hay en el extremo del brazo robótico?

¡Drrrr!

Hay un astronauta amarrado al
brazo. Con los controles, lo llevan
a una parte de la estación que hay
que reparar. El astronauta lleva
las herramientas amarradas al
traje para que no salgan volando.

Los astronautas pueden llamar a sus familias cuando quieran con una computadora.

¿Qué están mirando los astronautas?

¡Saludos desde la Tierra!

Los astronautas hablan con sus familiares y los ven en la pantalla. Sus familiares también los pueden verlos.

Los astronautas celebran una comida de despedida porque tres de ellos van a regresar a la Tierra. La comida se guarda en recipientes para que dure mucho tiempo. Es un lujo disfrutar de alimentos frescos.

¿Qué hay dentro de los recipientes?

¡Rico!

Hay yogur de frambuesa, cóctel de camarones y sopa de pollo. ¡Tienen cientos de platos diferentes para elegir!

Después de seis meses, es hora de regresar a casa. Los astronautas se meten en la nave espacial, la Misión de Control se comunica con ellos y los ayuda a aterrizar sanos y salvos.

¿Ves cómo aterriza la nave espacial?

¡Fuush!

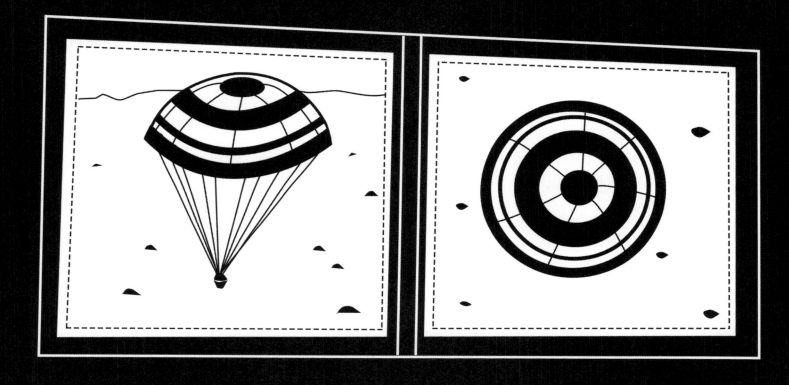

Un paracaídas reduce la velocidad de la nave espacial al acercase a la Tierra. Los motores de la parte inferior de la nave se prenden durante un segundo antes de tocar el suelo para suavizar el aterrizaje. ¡Bienvenidos de vuelta a la Tierra!

Cuando los astronautas estaban
en la estación espacial, hablaban
todos los días con sus familiares, pero
les gusta volver a estar con ellos.

Si miran al cielo, pueden ver la estación
espacial. Parece una estrella brillante
que se mueve en el cielo de la noche.

¡Ahí va!

Aún hay más...

¡Para realizar una misión en una nave espacial, necesitas una gran cantidad de equipo!

Plataforma de lanzamiento Es el lugar desde donde despega un cohete. Los cohetes son grandes y pesados. Se llevan en tren a la plataforma de lanzamiento.

Nave espacial Está en la parte de arriba del cohete. La nave lleva a los astronautas a la estación espacial y los trae de vuelta. Dentro de la nave van tres astronautas y llevan comida y agua para la estación espacial.

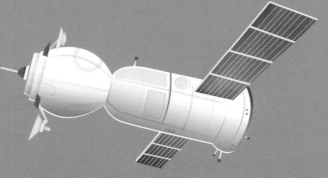

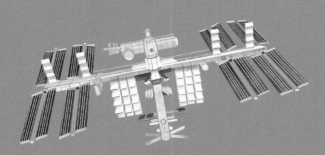

Estación espacial La Estación Espacial Internacional es una nave espacial muy grande que orbita la Tierra. Es el objeto más grande que vuela en el espacio. En la estación se puede vivir durante muchos meses. Tiene dos cuartos de baño y un gimnasio. La han visitado astronautas de 15 países. Por la noche, parece una estrella brillante en el cielo y se puede ver desde la Tierra.

Camarote En cada camarote de la estación espacial hay un saco de dormir y solo cabe una persona.

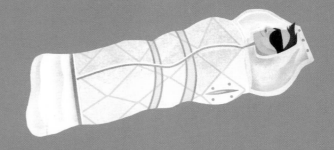

Traje espacial Los astronautas usan trajes especiales que los cubren y los protegen de la cabeza a los pies cuando salen al exterior de la estación espacial. También llevan tanques de oxígeno en unas mochilas. El gas entra por el casco para que puedan respirar. El casco tiene luces para ver mejor.

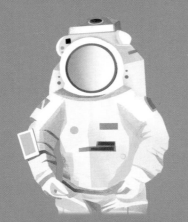

Brazo robótico El brazo robótico es como una grúa. En un extremo se enganchan los astronautas y objetos. El brazo se maneja con unos controles y se mueve por fuera de la estación espacial para hacer reparaciones.

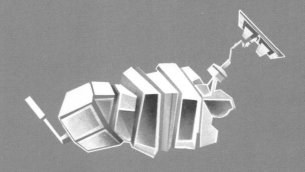

Laboratorio Los astronautas hacen experimentos de ciencias en la estación espacial, en unas salas llamadas laboratorios. Los laboratorios tienen equipos especiales para que los astronautas estudien cómo viven los humanos y los animales en el espacio y observen cómo crecen las plantas.

First American Spanish Language Edition 2019
Kane Miller, A Division of EDC Publishing

Spanish translation by Ana Galán
First published in the US in English in 2016 under the title, *On the Space Station*.
Copyright © 2016 Quarto Publishing plc

Published by arrangement with Ivy Kids, an imprint of The Quarto Group.
All rights reserved. No part of this book may be reproduced, transmitted
or stored in an information retrieval system in any form or by any means, graphic,
electronic or mechanical, including photocopying, taping and recording,
without prior written permission from the publisher.

For information contact:
Kane Miller, A Division of EDC Publishing
PO Box 470663
Tulsa, OK 74147-0663
www.kanemiller.com
www.edcpub.com
www.usbornebooksandmore.com

Library of Congress Control Number: 2018946306

Printed in China

ISBN: 978-1-61067-913-8